DE L'APPRENTISSAGE

ET D'UNE

CAISSE DE RETRAITE

POUR

LA CLASSE OUVRIÈRE

PAR

CH. LAMI, DE LA VARENNE-SAINT-HILAIRE

(Seine)

PRIX : **30** CENTIMES

SE TROUVE A PARIS CHEZ

GUILLAUMIN ET Cie, libraires-éditeurs, rue Richelieu, 14

JULES-JUTEAU ET FILS, imprimeurs-éditeurs
Passage du Caire, 29 et 31.

F. ROY, libraire, boulevard Beaumarchais, 13

MANCEAU, libraire, à La Varenne-Saint-Hilaire

1876

DE L'APPRENTISSAGE

ET D'UNE

CAISSE DE RETRAITE

POUR

LA CLASSE OUVRIÈRE

PAR

CH. LAMI, DE LA VARENNE-SAINT-HILAIRE

(Seine)

PRIX : **30** CENTIMES

SE TROUVE A PARIS CHEZ :

GUILLAUMIN ET Cie, libraires-éditeurs, rue Richelieu, 14

JULES-JUTEAU ET FILS, imprimeurs-éditeurs
Passage du Caire, 29 et 31.

F. ROY, libraire, boulevard Beaumarchais, 13

MANCEAU, libraire, à La Varenne-Saint-Hilaire

1876

DE L'APPRENTISSAGE

ET D'UNE

CAISSE DE RETRAITE

POUR

LA CLASSE OUVRIÈRE

J'ai vécu pendant 50 ans de la vie et au milieu de la classe ouvrière : ouvrier typographe pendant 30 ans; pendant 20 années, directeur d'une industrie métallurgique, voilà mes titres pour parler de la classe ouvrière. C'est l'expérience de ces 50 années que je mets aujourd'hui au service d'une cause qui intéresse la société au plus haut point.

Mais, je dois le dire d'avance, mes deux propositions n'atteindront leur but que si UNE LOI LES DÉCLARE OBLIGATOIRES. Si on les abandonne à elles-mêmes, comptant sur l'iniative individuelle, mieux vaudra ne pas s'en occuper ou attendre des temps plus favorables à leur mise en pratique.

Nos pères honoraient le travail à une époque où ils se doutaient à peine de ce que deviendrait l'industrie; ils tenaient en honneur les métiers; leur axiome était:

— « Métier passe richesse. »

Ils avaient raison : la fortune nous abandonne, le métier reste : ce sont les cinq sous du Juif-Errant.

Aujourd'hui que nous ne vivons que de l'industrie et par l'industrie, nous fuyons de plus en plus l'atelier. Le père de famille ne donne un état à son enfant que contraint et forcé; son rêve est de faire entrer son fils dans l'administration et dans les chemins de fer. Cette préférence donnée aux emplois publics s'explique :

L'employé vit dans un milieu supérieur à celui de l'atelier, et est assuré d'une pension de retraite.

L'ouvrier est moins bien considéré, et n'a que l'hôpital en perspective.

La position sociale de l'ouvrier est-elle ce qu'elle devrait être ? Évidemment non. Tout le monde le sent, puisque tout le monde s'occupe de la question. Ce n'est pas la bonne volonté qui fait défaut; mais, à l'exception de la loi qui protége les apprentis, qui me paraît insuffisante, et de quelques établissements de bienfaisance, qu'a-t-on proposé ou fait qui fût pratique pour améliorer la situation de l'ouvrier ? Peu de chose.

En 1848, des hommes, animés des meilleures intentions, ont voulu réaliser la question à l'ordre du jour à cette époque : l'Association dans le travail. L'État fit des sacrifices, des ateliers furent ouverts, des travaux donnés.

A l'exception de deux ou trois associations qui ont survécu, les autres ont fonctionné le temps de dépenser l'argent qu'on leur avait prêté.

Et il ne pouvait en être autrement; ces hommes n'étaient pas mûrs pour l'association. La même tentative aurait lieu aujourd'hui, que les résultats seraient identiques. Il faut beaucoup d'abnégation pour pratiquer l'association ; or, je crois que les hommes sont encore, sous ce rapport, ce qu'ils étaient à cette époque.

Les sociétés coopératives demandent un capital, elles offrent toutes les chances de réussite ou de ruine des entreprises particulières, et ne seront accessibles qu'à quelques-uns : la masse reste.

Ah ! si tous les chefs d'établissement, à l'exemple de quelques maisons bien inspirées, faisaient participer leurs ouvriers dans les bénéfices, la question ouvrière ferait le plus grand pas qu'il soit permis d'espérer aujourd'hui. Malheureusement, cette amélioration ne peut se décréter ; il faut qu'elle vienne de l'initiative individuelle.

En attendant cette amélioration, qui ne peut que venir en aide au projet de Caisse de retraite, occuponsnous de l'avenir de l'ouvrier.

Deux choses sont à faire :

Organiser et moraliser l'apprentissage ;

Assurer l'avenir de l'ouvrier par une pension de retraite qui l'affranchisse des soucis de la vieillesse.

DE L'APPRENTISSAGE

Pour mieux faire apprécier le question de l'Apprentissage, un mot est nécessaire sur la situation morale de l'ouvrier.

C'est, quelques années après 1830, que la construction et l'industrie prirent un essor qui semble ne devoir jamais s'arrêter.

A cette époque, l'instruction commençait à se propager, faisait lentement son chemin, laissant en route bien des enfants et des jeunes gens qui ne pouvaient la suivre.

Ces jeunes gens, ces enfants, devenus ouvriers, ayant peu ou point d'instruction et pas d'éducation, ont formé ce grand noyau ouvrier qui comprend le bâtiment, la mécanique, toutes les industries qui s'y rattachent, et celles qui se rapportent aux besoins de la vie.

Il est facile de comprendre ce que pouvaient être et devenir ces hommes, abandonnés à eux-mêmes, parqués pour ainsi dire au milieu de la société, ne trouvant d'alliances et d'amis qu'entre eux ; ils ont été et sont encore, dans une certaine mesure, ce que le malheur des temps les a faits.

Pourtant, il faut reconnaître que les progrès faits par la classe ouvrière sont prodigieux sous tous les rapports ; bien des gens aujourd'hui ne voient pas ces progrès : l'ouvrier est encore pour eux ce qu'il a été pendant 30 ans.

Ils se trompent. Un fait fera mieux apprécier la différence des temps et des hommes :

J'ai dit qu'en 1847, je prenais la direction d'une petite industrie métallurgique. Voici comment les choses se passaient dans cette industrie en général :

Les patrons n'avaient pas le droit d'embaucher leurs ouvriers, c'était l'affaire des compagnons de l'atelier. Puis, le soir du jour de l'embauchage venu, tous se rendaient chez le marchand de vins pour *souder* la venue du nouveau compagnon qui payait plusieurs litres de vin, auxquels s'adjoignaient de nouveaux litres que les compagnons faisaient venir en reconnaissance ; puis enfin le patron, qui assistait à ces *soulographies*, couronnait le tout par une autre quantité de litres de vin.

J'ai vu ces soudées se renouveler deux et trois fois par semaine. C'était l'école de l'ivrognerie.

Et ce n'est pas tout. Ces mêmes hommes venaient chaque matin demander à la caisse l'argent nécessaire à leur nourriture de la journée. Comptant sur cette solde quotidienne, ils buvaient jusqu'au dernier sou, et le lundi de la paie les trouvait aussi pauvres que les autres jours.

C'était honteux. Mais, il faut le dire, les patrons, par leur faiblesse, étaient les complices du mal ; il ne s'agissait que de vouloir pour le réprimer. En effet, un an plus tard, toutes choses rentraient dans l'ordre, à la satisfaction du patron et des ouvriers rangés, en petit nombre, il est vrai ; mais c'est ce petit nombre qui a formé un atelier qui est devenu le plus important de Paris dans sa spécialité, et qui n'est, aujourd'hui, composé que d'hommes laborieux, économes et se respectant dans leur tenue.

J'ai dit que la classe ouvrière s'était énormément améliorée, et je viens d'en citer un exemple ; néanmoins, je reconnais qu'il reste encore un grand nombre d'états (il ne m'est pas permis de les désigner) qui sont restés à peu près ce qu'ils étaient autrefois.

La cause se trouve dans ce fait, qu'on n'a pas soustrait les apprentis à des milieux qui sont restés viciés, et que ces enfants, pervertis avant d'être hommes, ont continué la tradition de l'atelier où ils ont vécu.

On a reconnu cette vérité et, pour remédier au mal, on a parlé de créer des *Établissements professionnels.*

A-t-on bien réfléchi à ce que pourraient être ces établissements ?

A leur nombre, même en réunissant plusieurs corps d'état similaires ?

A l'outillage nécessaire ?

Au personnel enseignant et administratif ?

Et enfin à la somme énorme que coûteraient de semblables établissements ? sans compter les détails intérieurs des ateliers qui seraient une source incessante d'embarras.

A mon point de vue, ce projet est irréalisable.

Il faut trouver un autre moyen.

L'Apprentissage court moins de risques dans les grands établissements où les rapports des enfants avec la masse sont moins directs. Le danger existe dans une foule de petits ateliers où l'apprenti vit presque constamment avec les hommes qui composent l'atelier.

Voici ce que je propose pour remédier à ce mal que, jusqu'à présent, on n'a pu combattre :

L'industrie à Paris est généralement groupée par quartier. Ici, tout ce qui tient à l'ébénisterie ; là, tout ce qui se rattache au bronze ; ailleurs, la bijouterie, le papier peint, la fonderie, l'article de Paris, la cordonnerie, la mécanique, etc., etc.

Ces industries étant ainsi cantonnées faciliteront l'exécution de la proposition suivante :

Que dans chacune d'elles, suivant l'importance de l'industrie, deux, trois, quatre établissements recommandables soient chargés spécialement de l'Apprentissage ;

Que, dans chacune de ces maisons, un atelier distinct et séparé soit réservé aux apprentis sous la direction d'un ouvrier ferme et intelligent, et sous la surveillance du patron ;

Que nul autre atelier que ceux désignés pour l'Apprentissage ne puisse faire d'apprentis, sauf les exceptions que l'expérience pourra indiquer (1).

---

(1) Il faudrait m'étendre beaucoup trop pour traiter la question d'apprentissage. Je ne m'occupe ici que du principe, sans entrer dans le détail des exceptions qui, certainement, seront nombreuses ; je n'en citerai qu'une seule qui se rencontrera le plus fréquemment : je veux parler du petit industriel, travaillant de ses mains, dans son atelier, composé souvent de ses enfants et de quelques ouvriers.

L'apprenti se trouve là presque en famille et dans les meilleures conditions d'éducation morale et professionnelle.

Pourtant, je dois dire que ces petits ateliers ont besoin d'être surveillés. Trop souvent, des patrons font de leurs apprentis des commissionnaires ou des domestiques, ne consacrant que la dernière année à l'éducation professionnelle.

D'autres, voulant tirer tout le profit possible de l'Apprentissage, ne font exécuter à leurs élèves que des travaux faciles et productifs, et ne leur enseignent pas ceux qui leur seraient onéreux, quoique indispensables à leur instruction.

Ces patrons égoïstes ne font que des ouvriers incomplets ou incapables, et compromettent ainsi l'avenir de l'enfant qui leur est confié.

Il sera donc indispensable que, dans chaque quartier, une ou plusieurs commissions, composées d'industriels et d'hommes versés dans les questions d'Apprentissage, visitent ces petits ateliers deux ou trois fois l'an pour s'assurer si l'Apprentissage se fait d'une façon complète et régulière.

Ces mesures, étant rigoureusement exécutées, on obtiendra le résultat cherché.

Ce sera un monopole, je le reconnais, mais il sera indispensable jusqu'au jour où l'atelier purifié pourra reprendre ses apprentis.

Ce projet, relativement facile d'exécution, si on le compare à la création des *Établissements professionnels*, ne devra avoir, je l'espère, qu'une durée temporaire; il ne demandera pas un grand sacrifice d'argent et aura l'avantage de laisser l'apprenti au sein même de l'industrie.

On obtiendra d'autant plus facilement le concours des industriels qu'ils seront désintéressés de tous frais pour la création de ces ateliers; qu'ils auront sous la main une pépinière d'ouvriers destinés à remplacer un personnel souvent défectueux; qu'ils trouveront dans la confiance qui leur sera accordée une considération publique que personne ne dédaigne, et, en ontre, une source de bénéfices qu'il y aura peut-être lieu de faire entrer en ligne de compte avec l'indemnité à leur accorder.

La question d'Apprentissage est une mesure sociale qui présentera quelques difficultés d'exécution; elle exigera un sacrifice de l'État et des études sérieuses d'hommes compétents et dévoués; mais, si on veut réellement la moralisation de la classe ouvrière, les obstacles ne seront pas difficiles à vaincre.

Il faut régénérer la classe ouvrière, il lui faut sa place et sa part de considération dans la société. Ce n'est que par la réforme dans l'Apprentissage qu'on pourra y parvenir. Le moyen que j'indique est pratique. Donnons-lui tous nos soins.

DE LA CAISSE DE RETRAITE

Examinons d'abord quelle est aujourd'hui la position de l'ouvrier, et traçons le programme d'une existence ouvrière :

A 16 ans, d'apprenti qu'il était, le jeune homme est ouvrier ;

A 20 ans, il est soldat ;

A 30 ans, il est marié, père de famille et dans toute sa force pour le travail ;

A 40 ans, ses forces faiblissent ;

A 50 ans, il est toléré dans l'atelier ;

A 60 ans, souvent invalide, il est recuilli par ses enfants dont il vient augmenter les charges ; — s'il est considéré de son patron, on lui confiera de petits travaux qui déguiseront l'aumône ; — si ces ressources lui manquent, la charité publique lui donnera un morceau de pain jusqu'au jour où il ira mourir à l'hôpital.

Ce sont les travaux à perpétuité, et la misère couronnant ce long sacrifice.

Je ne referai pas le budget fait si souvent, et que tout le monde connaît, d'un ouvrier gagnant 5 francs par jour ; on sait qu'il lui est impossible de pourvoir à son avenir, heureux quand il suffit au présent (1).

Et l'on s'étonne que, les choses étant ainsi, l'ouvrier

---

(1) Cinq francs par jour représentent aujourd'hui la moyenne du salaire de l'ouvrier ; les hommes de peine, les manœuvres ne gagnent en général que 3 fr. 50 c. à 3 fr. 75 c.

L'année ouvrière n'étant que de 300 jours, les 5 francs ne donnent plus que 4 fr. 10 c., et les 3 fr. 75 c., 3 francs par jour de l'année complète, en supposant que l'ouvrier ne perdra pas un jour pour cause de chômage ou de maladie.

A côté de ces deux catégories, il en existe une troisième, très-importante (je l'estime à 20 pour cent au moins) que je ne dois pas passer sous silence, d'autant qu'elle sert de thème et d'argument à ceux qui ont conservé des préjugés contre la classe ouvrière. Je veux s'abandonne quelquefois, s'irrite souvent ; on lui reprochera un écart de conduite, le jour où, comme on disait de mon temps : *Il jettera quelques fleurs sur l'existence.*

Ceux qui médisent de la classe ouvrière, il y en a beaucoup, et surtout parmi ceux qui en ont *le nez fait*, ne vous parleront que des mauvais ouvriers ; des bons, des honnêtes ? allons donc. il y en a si peu. Je pourrais en dire plus, il est préférable de se taire.

La politique n'est pas de mise ici, elle nuirait plus qu'elle ne servirait mes idées ; mais il est permis d'affirmer que l'ordre, qui a été si souvent invoqué contre la classe ouvrière, n'aura pas de plus ferme défenseur lorsqu'il s'agira de sauvegarder les intérêts de sa vieillesse.

Il faut donc, de toute nécessité, DUT-ON L'Y CONTRAINDRE, que l'ouvrier soit moins malheureux à la fin de sa carrière.

Le projet de CAISSE DE RETRAITE que je propose est basé sur la *Tontine ou assurance mutuelle entre tous les travailleurs des grands centres industriels.*

parler de ces hommes doués d'une très-grande habileté de main, presque des artistes dans leur spécialité, qui gagnent huit, dix francs et quelquefois plus par jour.

Ces hommes forment deux classes : les prodigues et les économes. Les prodigues, autrefois les plus nombreux, ne travaillent que quatre jours par semaine : ils ne travailleraient que deux jours s'ils gagnaient 15 francs. Espérons que les fils seront plus sages que les pères.

Les économes, ce sont ceux-là qui nous intéressent, arriveront à faire des économies, s'ils n'ont pas trop d'enfants : mais ces économies ne seront jamais assez grandes pour leur constituer un capital de retraite : indépendamment de ce que ces économies diminueront avec l'habileté de main qui, s'affaiblissant chaque jour, fera que le salaire d'aujourd'hui ne sera plus celui d'hier. Donc, l'ouvrier, même privilégié, ne peut espérer une retraite suffisante et un jour de repos.

La Tontine serait ᴏʙʟɪɢᴀᴛᴏɪʀᴇ pour tous les jeunes gens âgés de 16 ans, porteurs d'un livret ou d'un certificat de capacité ouvrière (1).

On comprend de suite que cette Cᴀɪssᴇ ᴅᴇ ʀᴇᴛʀᴀɪᴛᴇ est fondée spécialement en vue de la génération nouvelle, et qu'elle ne vient pas au secours de celle qui s'en va. Cela est pénible. je désirerais qu'il en fût autrement et qu'on trouvât le moyen de lui venir en aide.

Mais, s'il est vrai que nous ne pouvons rien faire pour le père, ce n'est pas une raison pour abandonner les enfants ; c'est donc pour eux qu'il faut travailler. Si nos pères eussent fait pour nous ce que je propose de faire pour nos enfants, nous n'aurions pas aujourd'hui tant de malheureux à secourir.

Par quels moyens et avec quelles ressources se constituera la Cᴀɪssᴇ ᴅᴇ ʀᴇᴛʀᴀɪᴛᴇ?

Par des versements *obligatoires pour tous*, jusqu'à la réalisation complète d'un capital minimum de 1,000 fr. Ce chiffre atteint, les versements seraient facultatifs ; et voici comment les travailleurs arriveraient à former le capital nécessaire :

L'enfant entre en Apprentissage à 12 ou 13 ans. Il est ouvrier à 16 ans ; il gagne alors, suivant ses aptitudes ou sa profession, 3, 4 et 5 francs par jour.

De 16 à 25 ans, à quelques exceptions près, ce jeune homme n'a aucune charge : il peut donc facilement économiser le quart ou le cinquième du gain de chaque jour, qu'il dépense follement au cabaret, au café, au bal, etc., contractant ainsi des habitudes qui l'éloignent du travail et souvent le perdent complètement.

C'est cette économie, prise sur le gain de la journée,

---

(1) Il est regrettable que, dans certaines professions, on ne fasse pas un apprentissage régulier. Dans celle de maçon, par exemple, l'enfant devient ouvrier en servant les compagnons. Les travailleurs qui se trouvent dans cette catégorie sont nombreux. Les chefs d'industrie devront refuser le travail aux jeunes gens qui ne seraient pas porteurs du livret de Tontine.

qu'il faut arracher à la dissipation, pour constituer le capital nécessaire à la retraite de l'ouvrier.

On obtiendra ainsi un double résultat : on donnera à ce jeune homme le sentiment de l'économie ; et, forcément obligé de restreindre ses dépenses, on le sauvera des entraînements dangereux.

L'épargne scolaire sera le point de départ de la Caisse de retraite ; elle lui viendra puissamment en aide par les idées d'ordre et d'économie qu'elle développera.

A la fin de l'Apprentissage, il sera délivré à l'ouvrier un livret de Tontine (sorte de livret de Caisse d'épargne), qui mentionnera l'obligation par le porteur de supporter une retenue de 20 ou 25 °/₀ sur son salaire, et sur lequel seront inscrites ces retenues jusqu'au jour où la somme de 1,000 francs exigée pour la Tontine sera complète (1).

Cet économie de 1,000 francs capitalisée, et en raison des extinctions, devra, en 30 années, procurer à l'ouvrier une retraite d'environ 600 francs, qui, en raison du nombre des associés et du temps écoulé depuis la fondation, pourra, dans l'avenir, atteindre un chiffre beaucoup plus élevé.

Les chefs d'industrie devront, *sous leur responsabilité*, opérer les retenues ; ils devront, en outre, tenir un registre spécial où toutes les sommes retenues seront inscrites en regard du nom de l'ouvrier.

Le lundi qui suit la paie, les sommes prélevées, accom-

---

(1) Je crois nécessaire cette différence dans le chiffre de la retenue, 20 ou 25 °/₀, afin de ne pas trop gêner l'ouvrier. On pourrait donc ne retenir que 20 °/₀ lorsqu'à la paie les journées n'atteindront que la moyenne de 4 francs ; et appliquer la retenue de 25 °/₀ lorsque la moyenne de 4 francs serait dépassée.

Quatre ou cinq années devront suffire à économiser le capital de 1.000 francs. — Prenant la moyenne de 4 francs par jour : la retenue à 20 °/₀ sera de 80 centimes et produira, pour 300 jours de travail, 240 francs. Si nous devons tenir compte du chômage, nous devons aussi supposer que la journée de 4 francs sera de 4 fr. 50 ou 5 francs. On peut donc raisonnablement conclure à une économie de 200 francs par an.

pagnées d'un état nominatif, seront versées [à la caisse
d'épargne du quartier, qui deviendrait ainsi *Caisse
d'épargne et Caisse de retraite*.

Tel est le mécanisme de la perception dans toute sa
simplicité, et pour lequel il n'y a rien à créer.

Quant à la centralisation de ces sommes, à l'emploi
des capitaux, à l'administration de la Tontine, le gouvernement y pourvoiera, soit qu'il se charge de l'admi-
nistrer, concurremment avec la Caisse d'épargne, soit
qu'il en confie l'administration, sous son contrôle, à une
société particulière.

Je le répète, je crois ces idées simples, faciles à réaliser et pratiques.

On invoquera contre mon projet la liberté individuelle;
on dira que les Caisses de retraite sont ouvertes à tous,
qu'il n'y a qu'à s'y présenter, et qu'on ne saurait contraindre le travailleur à faire ce qu'il ne fait pas lui-même.

On ajoutera que la masse des capitaux apportés à
l'État deviendrait une charge pour le pays;

Qu'il n'y a pas lieu de s'occuper seulement des travailleurs des grandes villes, que ceux des campagnes ne sont
pas moins intéressants.

Je répondrai à ces critiques :

Est-ce que l'administration a reculé devant la liberté
individuelle, le jour où elle a forcé ses employés à faire
les fonds de leur Caisse de retraite ? Qu'a-t-elle voulu ?
C'est que les employés civils et militaires, à quelque
degré de la hiérarchie qu'ils appartiennent, ne mendient
pas leur pain, et jouissent de quelques jours de repos
après de longs et utiles services.

L'ouvrier étant la base de la société, il était logique
de s'occuper de lui d'abord. L'employé a été privilégié;
on a fait un heureux, on devait en faire deux.

Il en a été de même pour les capitaux; est-ce que
l'administration s'est arrêtée devant cet obstacle, s'il en
est un; et d'ailleurs ne trouveront-ils pas leur emploi

dans les travaux utiles qui restent à accomplir ou à terminer? La ville de Paris et toutes les villes de France ne font-elles pas périodiquement des emprunts où ces capitaux trouveront leur placement?

Les Caisses de retraites sont ouvertes à tous, dit-on. — Sans doute; mais je demanderai combien d'employés, qui subissent aujourd'hui la retenue, iraient à ces Caisses si la retenue était facultative? — Pas un dixième. — Car, il faut le dire, la prévoyance est malheureusement une vertu aussi rare que la bêtise humaine est grande.

On reprochera à ce projet de ne s'occuper que des ouvriers des grandes villes, de négliger d'autres classes de travailleurs, tels que : les employés de commerce, les commis, les laboureurs, les artistes, etc., etc.

Je répondrai que je ne pouvais agrandir le cadre de ma proposition sans courir le risque de la compromettre, et que le système que je propose, bon pour la classe ouvrière, pourrait ne pas être applicable aux autres travailleurs.

Mettons-nous à l'œuvre, que chacun apporte son concours à cette idée première ; que tous les commerçants, les fabricants lui viennent en aide; qu'ils se joignent à moi pour obtenir la loi qui rendra la Tontine obligatoire; ils ne doivent pas être moins jaloux que l'administration de voir les soldats de l'industrie, les fondateurs, les soutiens de leur fortune, jouir d'un jour de repos.

Ce sera leur honneur d'y contribuer, c'est aussi leur intérêt. — « L'atelier et le chantier manquent de bras ! » — Ce cri d'alarme se fait entendre depuis quelques années; or, ce ne sera ni l'instruction, ni l'éducation qui leur procureront des ouvriers, s'ils ne font rien pour leur assurer un avenir qui, en résumé, ne demande que leur concours.

Que, de son côté, le Gouvernement étudie cette question de la Tontine obligatoire; qu'il présente une loi aux Chambres; que l'Assemblée nationale actuelle ne laisse pas à une autre Assemblée la gloire d'avoir voté une loi qui, ne demandant rien à l'État, assurera la nouvelle génération ouvrière contre les misères de la vieillesse.

Dans deux ans, l'Exposition universelle s'ouvrira; là, brilleront toutes les merveilles de notre industrie qui est la gloire de la France et fait l'admiration du monde entier. Que le bonheur que nous éprouverons en sortant du Temple de l'Industrie ne soit pas troublé par la pensée que nous n'avons rien organisé pour l'avenir des hommes qui font de si belles choses.

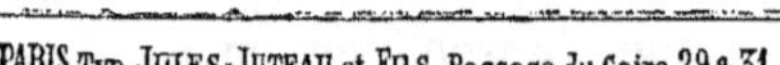

PARIS.Typ.JULES-JUTEAU et FILS. Passage du Caire.29 & 31

PARIS.Typ. JULES-JUTEAU et FILS. Passage du Caire. 29 & 31